LA VIDA POR DELANTE

DANIEL FERNÁNDEZ

LA VIDA POR DELANTE

XLIX Premio Ciudad de Burgos

VISOR LIBROS

VOLUMEN MCCCVI DE LA COLECCIÓN VISOR DE POESÍA

Un jurado compuesto por Pablo García Casado, Jesús García Sánchez, Eliseo González Martínez y Amanda Sorokin, presidido por Luis Alberto de Cuenca y actuando como secretaria Teresa González Castrillo, concedió al presente libro el XLIX Premio de Poesía Ciudad de Burgos, promovido por el Instituto Municipal de Cultura y Turismo de su Ayuntamiento.

Cubierta: *Triceratops*, de Charles R. Knight (1901). Smithsonian Institution

Isaac Peral, 18 - 28015 Madrid
www.visor-libros.com

ISBN: 979-13-87745-36-3
Depósito Legal: M-5724-2026

Impreso en España - Printed in Spain
Gráficas Muriel. C/ Investigación, n.º 9. P. I. Los Olivos - 28906 Getafe (Madrid)

Estos cuentos son para el pequeño Telmo

Heaven is a place on Earth.

Belinda Carlisle

Pensemos en el lenguaje humano: en sus esquemas elásticos pero siempre limitados, cada uno de nosotros moldea su propia expresividad, que aparece en formas siempre nuevas y capaces de infinitas variedades. Un sentimiento de alegría que yo tenga, por ejemplo, no solo no es igual al de otros de mis semejantes, sino que ni siquiera se parece a los sentimientos de alegría que yo mismo he experimentado en otros momentos. Pero esta variedad se expresa lingüísticamente en un repertorio limitado de términos o de frases que son comunes a mí y a todos los hablantes de mi lengua. De esta manera, el lenguaje reduce de manera notable la variedad de las experiencias humanas, pero nosotros estamos ya de tal manera amoldados a sus esquemas que nos contentamos con las posibilidades que nos ofrece y advertimos sin dificultad hasta los matices más pequeños que nos permite expresar.

Alberto Vàrvaro. *Literatura románica de la Edad Media*

LOS EMPEÑOS DE ESTA CASA

LAS MAÑANAS FELICES (AÑO 2088)

A Clara

Por las mañanas no hay quien te levante.
Tú, en vez de limitarte a protestar
por el sol inclemente o los alumnos,
con tal de no alejarte de la cama
me brindas un sinfín de monerías
que convierten la albada de los clásicos
en un salón de juegos infinito:
te finges diplodocus perezoso,
lanzas los calcetines por los aires,
enseñas el trasero a las de enfrente
o exploras la caverna de la almohada.
Yo no sé si rezar por que este cinco
de abril del 22 no acabe nunca
o pedirle al Señor que se espabile,
le dé cuerda a la vida y se nos lleve
a una mañana en que una *principessa*
coqueta y adorable que se esconde
debajo de las sábanas (la piel
caída y siete dientes en su sitio)
da comienzo otra vez al espectáculo
que es verte enderezar un nuevo lunes,
antes de que tú y yo nos preguntemos,

muy serios tras zamparnos seis pastillas
con el pan desmigado en el café,
si en mañanas como esta, en las mañanas
de nuestra juventud, acaso fuimos
—qué ilusa es la nostalgia de los viejos—
más felices que en todas las que, amor,
te quedan por vivir junto a este anciano
tembloroso, gruñón y barrigudo
que siempre estará ahí cuando despiertes.

«LOS RASGOS PRINCIPALES DEL BARROCO»

Esta paz para nada de los días en vela,
estas noches azules en el cuarto de estar.

En la casa, sentado frente al padre,
un chico repeinado termina los deberes
(«¿Qué es el *tempus fugit*?»).
No sabe que los años le deparan
la suerte de ser siempre y sin remedio
un hombre que repasa la lección
(«¿Por qué el poeta afirma *Soy un fue*?»)
y prepara un examen.

Vuelven las hojas que se fueron,
las horas con su hábito de otoño.
Se abre la puerta y es mamá
que vuelve del trabajo y me escondo y qué susto…

La vida que no pasa y el tiempo que no cesa:
apenas sueño eterno o mar que nunca acaba.

TRICERÁTOPS

Entre todos los *dinos*, tricerátops,
con que soñaba de pequeño,
tú nunca fuiste de mis favoritos.
Qué podías hacer contra el temible
tiranosaurio, amo y señor
de la pantalla, a qué esforzarte
por igualar —su garra hasta el pescuezo—
al velocirraptor, por no decir
que incluso el tan cansino diplodocus
tenía más salero que tu andar
torpe y cansado y cabizbajo.
Ay, tricerátops, con qué lástima
se lo dije a mamá al volver del cine:
en todo aquel Parque Jurásico
tan solo tú estabas *malito*.

También en nuestra era van pasando
los años, y aquel niño que reptaba
en la herrumbrosa jungla del recreo
ya no acecha feroz tras los columpios
ni persigue a sus presas en la cancha,
ni hunde alegre las fauces en sus carnes.
Pero hoy, al fin, tras tanto tiempo,
te entiendo, y me arrepiento de lo mucho

que nos metíamos contigo.
Porque ahora me parezco tanto a ti:
rechoncho, solitario, torpón, vegetariano.
Dicho en pocas palabras: tricerátops.

NOCHE BUENA

A Basilisa Rubio Vargas

Para mí se trataba
de recobrar la Navidad,
ya fueran los cencerros en la nieve
o aquel castillo de los Lego.
El 24 estaba aquí
y tú venías achacosa,
dispuesta un año más para el invierno.
En el salón sonaban villancicos
(*Campanas de Belén…*),
y las noticias de Israel y Gaza
(… *¿Qué nuevas me traéis?*)
ardían en los dedos.
Fue entonces cuando, abuela,
dijiste aquello por lo bajo:
«Yo solo sé lo que sabía».

CÁRCEL DE AMOR EN TIEMPOS DE *POSTDOC*
(De vita philologica)

Tus cosas, derramadas por la casa:
las botas de los viernes, la ironía,
el pijama de Minnie, la *Odisea*
con tus ilustraciones favoritas.

Tú, en un avión de nuevo rumbo a Roma,
dispuesta a dedicar todos tus días
(mira que darme celos con don Pedro…)
a Clarín, Segismundo y compañía.

Y yo: «Vuelve, corsaria, y echa el cierre
a esta horrible novela bizantina,
que —a ver si dicho así por fin te enteras—
te me llevas cautiva el alma mía».

CONFESIÓN EN LA COSTA BRAVA

El mundo se acaba, Flores.
LOPE DE VEGA. *Fuente Ovejuna*

Siempre he sentido una afición
íntima, oscura, por las normas.

De joven, por supuesto,
creía que el placer
estaba en quebrantarlas.

Al cabo de los años
—lo reconozco— me di cuenta
de que nada me hacía tan feliz
como acatarlas.

Pero hoy las cosas han cambiado.
Lo que de veras hoy quisiera
es dictarlas a golpe de la Ley
emanada de mí, *His Royal Majesty*,
delegar en ministros y validos
de la facción absolutista,
retirarme discreto a un palacete
no muy lejos de aquí,
agazaparme entre las sombras

con mi criado más leal,
y al fin, prismáticos en mano,
espiar la piscina de *Les barques*:
on els teus somnis es compleixen,
y comprobar —«Por Dios, amigo Flores,
a dónde iremos a parar…»—
cómo estos críos se las saltan
con tanta impunidad, con qué alegría.

PIENSO EN ABUELO JAMÍN

(que cuando íbamos al piso de los abuelos en la calle Espronceda en Barcelona no paraba de dar vueltas al salón)

Si supiera morirme como tú,
que te fuiste un buen día de repente,
me moriría un rato, hoy que es domingo.

… Y ahora, al otro lado de este sueño,
me quedaría en el sofá mirándote,
contando uno a uno (y ya van cien)
los pasos que vas dando alrededor
(tu andar torpón y tu aire de hombre huraño)
del piso, hoy que está toda la familia
reunida con la abuela y que tú, abuelo,
no estás y te dedicas a contar
los pasos que darías por el barrio
si estuvieras ahora de paseo.

Si supiera morirme como tú,
que te fuiste y que rondas por la casa
mientras tus nietos tienen hijos
que ven en viejas fotos
cómo mirabas a la abuela.

OHUHU 120-COLOR MARKER SET

Sentado en el balcón,
te veo al otro lado del cristal.
Te miro, mejor dicho
(que ver, te veo siempre: *escrito está en mi alma…*),
                                        mientras pintas
con tus rotuladores predilectos,
y pienso que qué suerte
—ahora que la vida va a lo suyo,
lo suyo, que es pasar—
tenerte aquí, tan concentrada,
tenerte a ti contigo,
y tú venga a pintar la tarde de colores
y una nube que ríe mientras llueve
y a doña Caracol (*col, col*, le tarareas…),
que sale a presumir
de un cutis envidiable verde oliva,
cuando, de pronto, alzas
                                            la vista y te sonrojas,
como quien se creía
sola en ese universo al que das vida.

CARTA A LA MADRE

A María de la Cruz Rodríguez Rubio, «Misae»

Apostado en la esquina del pasillo
—mi escondite oficial,
inaugurado allá por el 90—,
sigo mirándoos a hurtadillas
después de tantos años:
qué bien estáis ahí, tranquilamente,
los dos en el sofá, viendo la última
de Netflix (en inglés,
no vaya a ser que vuestros hijos, ay,
se escandalicen…).
Y pienso «Qué difícil,
decirle todo esto»,
y siempre este pudor, tanta vergüenza
(legado, me imagino,
de los Fernández, ya me entiendes).
Conque aquí tienes esta carta.

Misae, a ti te debo
este refugio en el que habito,
donde nunca es de noche
y viven dinosaurios y peluches:
un mundo hecho de táperes y pósits,

cajones ordenados
y lápices con punta.

A ti también te debo
haber tardado tanto
en saber ciertas cosas.
Y no te engaño, mama,
me duele que así fuera,
porque sé que esa ingenuidad
era otro don que tú me diste:
el fruto de un silencio madurado,
hecho de rabia y contención,
de sacrificio.

Pero, lo reconozco, hay algo más:
quizá no me atrevía.
Quizá me era más fácil culparte y no entender
tu rictus circunspecto
en algunas reuniones familiares,
la lenta y bronceada eternidad
de tantas horas sola bajo el sol,
o esos desplantes tuyos de monarca
cansada de la guerra
(quiero decir la diplomacia).
El caso es que no supe —no quise— comprenderte.

Yo querría decirte que lo siento,
que no sé cómo pude,
que ya me he hecho mayor…
Pero tú ya me has perdonado.

Esta es la deuda
que no podré saldar,
y va también con ella una promesa:
que aquí me tendrás, fiel, inquebrantable,
y tan ingenuo como siempre.

UN LUGAR EN LA TIERRA

A mi tía Áurea, rapaza de Tejerina

Ich hatte einst ein schönes Vaterland.

Heinrich Heine

ESCONDITE INGLÉS

Cómo quisiera ser un chopo.
Un señor chopo, viejo y elegante,
con el aire en las ramas y en las ramas los pájaros.
Alto y solo en el valle
dando sombra a los míos (el arroyo, la hierba,
las luces que declinan),
mirando al horizonte siempre el mismo,
a la peña que espera despaciosa,
y tal vez a este niño que se acerca,
posa sus manos en mi tronco y
un, dos, tres, ya:
el tiempo se detiene en esta tarde
y ya solo mis hojas por el aire.

PEREGRINATIO VITAE

Mi padre, cuando niño, me llevaba
por las veredas de su pueblo.
Bien alta la porracha y de la mano
—«el paraíso terrenal», decía,
y yo que me quedaba así mirándole—,
trataba de enseñarme los nombres de los montes,
arduos como la piedra caliza de las cimas,
y yo que solo andaba tras mis *bichos*.

Cuando fui adolescente, me imagino,
mi padre —así mirándome— debía conformarse
con contar sus paseos a la lumbre
mientras yo musitaba alguna excusa,
sola la música en la noche.

No sé por qué ni cuándo
empecé a caminar junto a mi padre.
Le preguntaba por los nombres
—que ahora llamábamos *topónimos*—
de las tierras, arroyos y montañas,
y le decía «Papa, cuéntame
cómo vivíais aquí entonces».

Un paso siempre al frente,
y yo detrás atento,
mi padre va contándome
la vida de los de antes, la suya, la que fue,
la de las vecerías y madreñas,
la que ya no, dice mi padre,
la que ya no volverá a ser.

Mi padre
—y mira cómo salta por los montes,
las nubes ya tan cerca—
me va dejando atrás,
                                        cada vez más
atrás en el camino.

DÍAS DE ROBLE

Al viejo Cascarrabias (¿...?-2024)

El roble solitario,
con su rigor rugoso de árbol viejo,
desprecia los ardides de la nieve,
el trino irreverente del gorrión,
las traviesas cerezas, los matices
de otoño derramados:
la vida, que, al mirarla,
es una y otra vez la misma nada más.

La misma que a su modo
(oídle rezongar, al muy gruñón)
hoy tanto extraña.
Con qué orgullo postraste
—de un rayo fulminado—
tu tronco malherido,
señor roblón que yo tanto quería.

TANKAS DE ABRIL

I

La cerezal,
y el agua va pasando
como un sueño.
Acuéstame en tu sombra,
fuente de Navidiello.

II

Rota en los charcos,
la luna en vano alumbra
la carretera:
no sabe que la muerte
aguarda tras la curva.

III

Bajo la peña,
donde trina el silencio
y la luz mira.
Callado el corazón
y tan lejos la vida.

EL VIEJO TEMA DE LA ROSA

Amago de la humana arquitectura.

SOR JUANA INÉS DE LA CRUZ

Describir, por ejemplo, ciertas cosas:
que el ruboroso rojo del ocaso
sabe a un verano azul cuando olorosa
me llevas tras tus pasos.

Pero cómo escribir sobre ti, rosa
que yo no tengo entre las manos,
sin acordarme de esas otras,
símbolo apenas del pasado.

Así también tú al cabo:
no más que temblorosas
sílabas sobre el blanco
de una hoja.

SENDERUELAS

Debajo de un espinín
hay un tiín
con una patina
y un sombrerín.
(Adivinanza popular leonesa)

No hay nadie que las coja.
De corro, *senderuelas* o *de sapo*:
así se las conoce en Tejerina.
Son cosa bien humilde:
no lucen la blancura que uno espera,
sino un color parduzco desvaído,
y no gozan tampoco del refugio
que brindan los espinos a otras razas,
y menos del prestigio del boletus
o de la galanura de los níscalos.
Pero imagina:
las dos allá viviendo
todo el invierno solas bajo tierra,
roncando juntas al unísono
hasta llegar las lluvias y las luces
de primavera, cuando poco
a poco asomaríamos

la cabeza,
entre el verde arrebujadas,
y ante la indiferencia
de todos los seteros,
paisanos y mujeres, vecinos y turistas:
a nuestras anchas en el prado
allí tú y yo mirándonos.

SALGUEREDO

Un banco y un arroyo y una sombra.
Estoy aquí otra vez: es mi despacho.

Cómo decir este paisaje,
sus mariposas y su fuente,
las cerezales, los espinos,
el arrendajo y el pardal.
Cómo apresar la plenitud
—así yo la sintiera—,
que se me escurre minuciosa
como la arena entre las horas.
                                        Cómo
aferrar el temblor
del agua que se va y que se me lleva.

PACEN LOS DÍAS

A la Garbosa, la Majita y la Galana

Los días son tranquilos
como las vacas de mi pueblo.
A veces se amohínan, cabizbajos,
y pastan pesarosos
mirando fijamente al transeúnte,
y buscan en los ojos del que pasa
un deseo, muy vago y muy lejano,
y el tiempo se detiene y se oye el aire…
Pero, tras un leve bufido,
de pronto espantan los problemas,
retoman el andar, tan despacioso,
y vuelven la mirada al horizonte,
que aguarda al otro lado
del monte, como siempre,
tan limpio y previsible.

NUESTRAS VIDAS

Arroyo sonoroso que arrullas con tu luz
las tardes de merienda
en la Ermita, en Llaneces, en Riazo.
A bordo de tus alas
—láminas de agua quebradiza—
viaja el otoño con su séquito
de arañas, de mosquitos y libélulas.
Dueño del bronce submarino
que escondes tras tus muecas de cristal:
un universo de minucias
—piedras, guijarros, algas, sombras, nada—
tan variopinto y misterioso.
Regalas un tembleque de teclas y de notas
a quien quiera escuchar
—cómo tremolan los acordes—
tu música secreta,
un traqueteo sinuoso de hondos
reflejos que se apilan
en un tropel de cielos y de noches.
Apenas bisbiseo: qué trajín
de chismes trae consigo
el pájaro parlero que tú eres.
Reguero que entre chopos y salgueras

divagas por los valles de la infancia
de este otro caminante cuya vida
también dará en la mar.

POR GALAXIAS Y FRONTERAS

Un ángulo me basta entre mis lares.

Andrés Fernández de Andrada

ISOROKU YAMAMOTO

7 de diciembre de 1941,
a algunas millas de Pearl Harbor

El mar es el silencio de mi madre
sentada junto al cauce del Shinano.
Como una estela a ras del tiempo,
la espuma acorazada del Pacífico
me lleva hasta la poza en Nagaoka,
cuando mi padre —«Hijo, esta noche
sabrás nadar»— por vez primera
me soltó de sus brazos.
La luz que ya amanece y nos alumbra
—la senda del que parte, siembra y muere—
es la misma que afila,
varada en este mar de la memoria,
mi primera katana de madera,
cuando jugaba a ser, como mi padre,
un samurái adusto y viejo,
y mi madre ocultaba una sonrisa
leve como ala de pardal.
He perdido a mis padres, he perdido
a hombres valerosos cuyos nombres
apunto en mi cuaderno, uno a uno,
para que así se adueñen de mis sueños.

Me dirijo a vosotros, que habitáis en la gloria:
hoy quiero redimirme.
Hoy el mar se hará lluvia, y la tormenta
sepultará a nuestro enemigo.
Por fin reinará el sol.
Un sol de orden y paz,
                                        como las manos
—mirad, el horizonte—
tan blancas de mi madre cuando cosen,
azules, mar y cielo.

TONY IOMMI DESCUBRE EL *HEAVY METAL*

Aquest és per al Coma i el Gerer,
i per a en Joan de Canet.

What is this that stands before me?
BLACK SABBATH

El acero de Birmingham no duerme.
La noche gris aplasta el cielo; espesa,
la niebla de cemento alrededor;
sombras que van y vuelven a la fábrica.
Zumba en su oído aún la prensa que ese día
acabó con su sueño: le ha segado
la yema de los dedos.
Vino después el llanto inconfesable,
tanto humo y el asco y las vías del tren.
Pero esta noche, Tony —corazón y anular
mutilados— acude fiel al rito:
granada y puntiaguda,
le espera su guitarra.

Sol, sol, do#
«¿Quién me invoca?».

Una voz se abre paso
sol, sol, do#
y se adentra en la gruta
sol, sol, do#,
como una luz se ahoga entre colores.
Pesado en la alta noche, retumba grave y lento
—cuervo terco, insidioso—
un tritono infernal,
que vibra, negro, y trina en la galaxia.

Entretanto, unas décadas después,
en un colegio bien de Barcelona,
tres chavales maldicen a Hugo Boss,
Ralph Lauren y Hilfiger
y, ocultos tras un seto,
afilan sus guitarras (el libro de Sociales
y un viejo cartabón), sacuden las melenas
aún imaginarias —sus madres no han cedido—,
berrean y dan botes embrujados
y, dos o tres centímetros más cerca del averno,
rasguean en sus almas
y le hieren
al aire aquellas notas.

Y Iommi les observa y sonríe porque sabe
que ha dado con la pócima secreta,
el néctar de los ángeles
caídos, *el culte que ens uneix*,
la fe que hizo feliz mi triste adolescencia.

ROMANCE DEL CABALLERO Y LA MUERTE

Para el profesor Rico, in memoriam

Sol arriba, monte abajo,
luna lejos, paso al frente,
vaga solo el caballero,
lanza, adarga y brazo fuerte.
De noche por los caminos,
con las sombras que ya duermen,
de día por los jarales,
tras los pasos de la muerte.
Por desiertos y fronteras,
tierra adentro y mar allende,
a los unos y a los otros
amenaza y acomete,
sean moros o cristianos,
que a todos espanta y vence:
a mozos, hidalgos, nobles,
hiere, raja, arroja y hiende.
«Muerte amada, ¿dónde estás?
No te escondas, dulce muerte,
que a pedirte vengo solo
que mi alma te me lleves,
en pago de tantos hombres
por quien lloran sus mujeres».

«No me sigas, caballero,
que yo sé cuál es tu suerte,
pues reunirte con tu dama,
ni ella quiere ni tú puedes,
que ella a ti no te ama ya,
ni tú tienes qué ofrecerme».
«Si yo sé que ella me espera,
¿por qué mientes, bella muerte?
Que Mencía a mí me aguarda
para que otra vez le ruegue
que me enseñe su jardín
y de la mano me lleve.
Que así me lo ha prometido
el silencio de la nieve».

ADAR

… And in the darkness bind them.

J. R. R. Tolkien

Una sombra en la noche siempre clara;
tus ojos otra vez, negro destello
que es nieve y es graznido.
Hay tanta muerte en paz alrededor…
Y te busco, amor mío, yo te busco
en el lobo paciente, en los salones
del hayedo, que albergan tus pisadas
que las hojas no barren.

Hoy callará el silencio.
Mis hijos son leales y están listos
para el festejo de la guerra.
Solo quiero que el mal me haga feliz,
que estés aquí conmigo.

POR GALAXIAS Y FRONTERAS

A David J. Fernández, mi bro

Caelum non animum mutant
qui trans mare currunt.
HORACIO

En Montana, pisando el horizonte
a lomos de Babieca,
trotando por el cielo y el infierno
contra especuladores y burócratas,
con mi sombrero de cowboy
y mis disimuladas —*see you around,*
kiddo— maneras de urbanita.
En el sudeste sudoroso,
devorando tarántulas a pares
en archipiélagos de ensueño,
como miembro adoptado en una tribu
con entrada exclusiva en Wikipedia.
Entre pagodas y albas cumbres
—la mochila empapada de aventuras—,
ser mi hermano mayor
y fatigar la China innumerable
que nos describe en casa los domingos.
Ante los muros de Cartago,
yo, Eneas el piadoso, enmendarle la plana

al tal Publio Virgilio y arrimarme
a Dido para siempre (y que le den
morcilla a tanta épica en hexámetros).
O, ya puestos, hartarme de la Tierra
y, polizón a bordo del Starship,
cruzar ásperos astros
en busca de una lengua sin vocales,
o ser todo un *jedi*, muy sano y célibe,
y hacer el bien a base de mamporros
y diplomacia intergaláctica.
Sé que allí donde fuere —en el *Rancho Fernández*,
ascendido a chamán de los mentawai,
transmutado en David, en rey consorte,
o de copas con droides y mutantes—,
al cabo de los siglos o las horas
se abrirá una rendija,
de miedo o de nostalgia,
                                        por la que asomaré
la nariz, ay, dispuesto a suspirar
por tardes como esta en el despacho,
con mi té rojo y los exámenes,
los Lopes siempre a punto,
un sol impertinente en la ventana,
el Gmail y este hastío
que me lleva tan lejos,
                                    pero dónde,
qué galaxia explorar, qué orbe, qué tierras,
qué mágico paraje
me hará saber por fin que cuanto quiero
es estar aquí en casa con mis cosas.

«NINSHIN SHITE IMASU»
(Fantasía ítalo-nipona en sol mayor)

... Avesse il ciel d'un altro sole addorno.
DANTE ALIGHIERI

Allende de los mares,
en un país lejano,
tierra de reverencias y seísmos
al otro lado del WhatsApp,
algo tramáis tu madre y tú
—esa mueca de pilla te delata—
en compañía de Totoro.

Te compones entonces el vestido,
echas una mirada a lado y lado,
y, alzando tu *gelato* de *nutella*
triunfal ante la cámara,
me amenazas con darme la noticia
que lo mudará todo para siempre:
«Lo que está por llegar, querido mío,
es una *vita nuova* de verdad,
conque ármate, ahora sí, *d'ogne speranza*,
que vamos a alumbrar con luz no usada».

AGRADECIMIENTOS

Este libro es deudor de no pocas personas. En primer lugar, quiero dar las gracias, por su generosidad y confianza, a los miembros del jurado del XLIX Premio de Poesía Ciudad de Burgos: Luis Alberto de Cuenca, Jesús García Sánchez, Amanda Sorokin, Pablo García Casado y Eliseo González Martínez. Asimismo, estoy muy agradecido a Álvaro López Fernández, Clara Monzó Ribes, Luis Castellví Laukamp, Miguel d'Ors y Rodrigo Olay, por su atenta lectura de estos versos y por todos sus comentarios. Y a Chus Visor, cómo no, por su amabilidad y su paciencia.

ÍNDICE

LOS EMPEÑOS DE ESTA CASA

UN LUGAR EN LA TIERRA

POR GALAXIAS Y FRONTERAS

Esta primera edición de *La vida por delante*
se acabó de imprimir en Madrid,
el 5 de marzo de 2026, sexagésimo
aniversario del fallecimiento
de Anna Ajmátova
en Domodédovo,
Rusia.